Andrea Ade

Elfchen schreiben

wenn Worte tanzen lernen

Wenn Worte tanzen lernen

Elfchenreigen

Ein
Elfchen schreiben
ist nicht schwer
Gedanken fallen auf Papier
Umarmung

Bibliografische Information der Deutschen National-bibliothek:
Die Deutsche Nationalbibliothek verzeichnet diese Publikation in der Deutschen Nationalbibliografie; detaillierte bibliografische Daten sind im Internet über http://dnb.dnb.de abrufbar.

© *2014 Andrea Ade*

Herstellung und Verlag: BoD – Books on Demand, Norderstedt

ISBN: 978-3-7386-0689-8

Willkommen in der Welt der elf Worte

Ein
Elfchen schreiben
ist nicht schwer
Gedanken fallen auf Papier
Umarmung

Nur
elf Worte
erzählen ganze Geschichten
oder malen schöne Bilder
Wortreigen

Grauzonenleben

*Male
mich an
fleht das Leben
bunt wie einen Schmetterling
Gedankenflug*

*Die
Flügel gestutzt
bist du unfähig
auch nur einen Millimeter
abzuheben
.*

*Als
buntes Steinchen
ins Lebensmosaik geboren
sollten wir unsere Farbe
pflegen*

Grauzonenleben

Schade
aber auch
wenn alle wissen
was sie tun müssen
gEGENWART

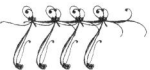

Traurig
der Blick
Gedanken im Eimer
das Fass läuft über
Ertrinken

Warum
verstehst du
mich nicht wenn
ich dich doch verstehe
WIESO

Grauzonenleben

Bevor
du anfängst
überhaupt darüber nachzudenken
bist du bereits verloren
Mobbing

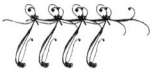

Schritt
für Schritt
gehst du mit
wird es zur Pflicht
Schiet

der
Morgen dreht
sich nochmal rum
wann ist hier endlich
Schluss

Grauzonenleben

*Ein
dicker Panzer
sorgsam dich umgibt
er ist deine Rüstung
Flächenbrandgebiet*

*Ziellos
ruft Ruhelos
wenn man verlernt
sein Leben zu leben
Inselbereich*

*Da
kommen Depressionen
indem man verlernt
sein Leben zu leben
Ziellos*

Zukunft

*Wir
brauchen Fantasien
Illusionen und Visionen
und Menschen, die das
teilen*

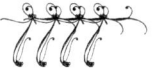

*Wiederfinden
Erinnere dich
wer du warst
bevor du dich verloren
sahst*

*Macht
ist endlich
macht keinen Sinn
lebe endlich – das macht
SINN*

Zukunft

Ungewiss
die Zukunft
und die Angst
zerrt auch an Dir
NOCH

Die
Seiten drehen
im Spiegel sehen
umdrehen und dann weitergehen
Selbst(er)findung

So
weit weg
kehrst du zurück
aus einer anderen Welt
Willkommen

Zukunft

Die
Seele funkelt
nach soviel Jahren
im Salz des Lebens
Unbelehrbarkeit

Zuversicht,
der Glaube
an eine Zukunft.
Hoffnung auf die rosarote
Welt

Ein
dunkles Leben
trägt jetzt Farbe
liebt es plötzlich bunt
Neugeboren

Zukunft

*Der
erste Schritt
zurück vom Abgrund
tritt in die neue
Welt*

*Mit
einer tollen
Familie im Hintergrund
ist doch alles zu schaffen
Zusammenhalt*

*Es
gibt nicht
nur dunkle Tage
arbeiten wir an dieser
Aussage*

Zukunft

*Alles
im Wandel
so vieles geht
manches will aber nicht
Sitzfleisch*

*Atemlos
vor Glück
Wettlauf zur Zeit
bleib stehen ist so
schön*

*Wahnsinnig
diese Stärke
die dich umhüllt
dem Seelenfrieden ihre Hand
hinhält*

Trauer

Bringe
dir Blumen
treibe stumm umher
deinen Verlust habe ich
verkannt

Trauer
um dich
wo bist du
vielleicht zwischen den Sternen
Adieu

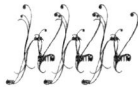

Ich
sehe dich,
im Schatten sitzen
verzweifelt traurig leer und
weine

loslassen

*Dunkel
die Nacht
Angst umklammert dich
hoffnungsvoll klingt der Morgen
ENDLICH*

*Sprich
über das
was dir wehtut
zeige endlich wie du
bist*

*Keine
Kompromisse mehr
die Zeit läuft
...viel hast du nicht
mehr*

loslassen

*Die
Sehnsucht wühlt
sucht ihre Farben
sind verloren und begraben
VORBEI*

*Ein
Stück Normalität
doch kalter Atem
im Nacken verbietet das
Freiheit*

*Abschied
von Gewohnheiten
dann erst winkt
eine ganz neue spannende
Welt*

loslassen

*Mit
sofortiger Wirkung
entfällt ihr Latein
sie kann nicht mehr
VERLERNT*

*Zurückkämpfen
geht nicht
eine neue Welt
kreieren – nur für mich
MACHBAR*

*Der
Grashalm knickt
im starken Wind
doch du brichst nicht
Naturgewalten*

_____ loslassen

Immer
einen Fuß
in der Käfigtür
gewählt ist dieses Leben
vogelfrei

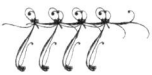

Grau
der Morgen
grau das Leben
macht Grau auch mal
Blau?

Grau
muss nur
die Lücke finden
malt die dann Blau
VERSPROCHEN!

Freundschaft

*Lachen
und Weinen
bist immer dabei,
dein Stuhl neben meinen
DANKE!*

*JA
ich denke
oft an dich
und ist das ein
Fehler*

*NEIN
wir denken
oft an *uns*
Freund sein ist kein
Fehler*

Freundschaft

*Nimm
die Menschen
wie sie sind.
Auch du änderst dich
NICHT*

*Zur
gleichen Zeit
ein jedes Jahr
Treffen zum gemeinsam Gehen
Wiedersehen*

*Regen
Hagel Schnee
fallen vom Himmel
aber auch Menschen wie
DU*

Freundschaft

Sie
erinnern sich
an eine Zeit
aber nicht aus diesem
Leben

Das
gute Gefühl
lacht dir zu
winkt aus der Ferne
Freundschaft

Frag
mich nicht
nach deiner Lösung
verletzt wie du bist
Selbstmitleid

Abschied

*In
einer Glocke
sitze auch ich
bis du wieder kommst
STILLE*

*Willst
du gehen?
Dann jetzt gleich
habe grade Taschentücher dabei,
*wink**

*Der
Himmel weint
der Koffer steht
gepackt in deinem Flur
Scheißwetter*

Abschied

Frag
mich nicht
nach deiner Lösung
verletzt wie du bist
Selbstmitleid

Abfällig
die Geste
zynisch das Wort
dein Blick spricht Bände
VERSPIELT

Fangen
wir an
und lassen los
dankbar sein für alles
Respekt

Schmerz

Ich
sehe dich
im Schatten sitzen
verzweifelt traurig leer und
weine

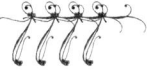

Dein
Schweigen hat
mich fast umgebracht
dabei warst du meine
Entwicklung

Ein
Leben durchzogen
von ewigem Schweigen
immer anders doch immer
still

Schmerz

*Allein
zu sein
die Einsamkeit seufzt
gerne wäre sie damit
gemeint*

*Traurig
der Blick
Gedanken im Eimer
das Fass läuft über
Ertrinken*

*Herzschmerz
heißt sehnen
leiden bluten weinen
das Leben ist ganz
schwarz*

Schmerz

*Die
Gedanken belegt
keine Zeit mehr
für mich- das Leben
Untergang*

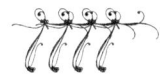

*Leben
die sich
nie berührten, brauchen
sich auch nicht zu
trennen*

*Der
Tag beginnt
kein Netz gewebt
und schon am Morgen
durchgefallen*

Schmerz

Der
Morgen danach
Wünsche Träume zerplatzt
es weht und schwebt
Erinnerung

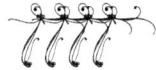

In
deinem Herzen
scheint die Sonne
aber ich bekomme davon
Sonnenbrand

Bis
zur Unerträglichkeit
strapaziert du mich
ich beiße auf die
Zähne

Fabelwelt

*Nebelschwaden
der Waldschrat
ärgert die Elfe
glitzernd im Geäst verfangen
Elfenbeinschaden*

*Der
Gnom schlurft
durch den Wald
lustlos wirft er Tannenzapfen
weit*

*Elfen
unterm Blätterdach
weilen ganz entspannt
die Tore weit geöffnet
Feenfeste*

Naturleben

Katalog
der Lust
im Gebüsch versteckt
verschämt blättert der Wicht
Heimlichkeiten

Ein
frostiges Lächeln
Nebel am Morgen
Spinnen weben ihr Netz
Herbst

Dem
Schmetterling werden
die Flügel ausgerissen
nun geht er laufen
Überlebenswille

Auszeit

Unendlich
nahe Weite
das Meer rauscht
die Gedanken fliegen tief
Strandläufer

Ganz
schön leicht
gleich einer Feder,
zurück in den neuen
Tag

Gedanken
packen Koffer
Worte wirbeln fröhlich -
so schön kann leben
sein!

Auszeit

*Der
Vogel singt
das Fahrrad fliegt
trifft Sonne und Wind
Freiheit*

*Auf
dem Fahrrad
stille Runden drehn
Es riecht nach Pilzen
JETZT*

*Genieße
das Leben,
spontan und verrückt.
Es wartet nicht auf
Dich!*

aufgewacht

Plötzlich
spürst du
deine tiefen Wurzeln
diese wahnsinnige Kraft in
dir

Sieh
dich an
hol den Spiegel
vertraue dem was du
siehst

Ach
verträumte Hoffnung.
Mach mal Urlaub!
Starke gute Gedanken vertreten
DICH.

Schlaflos

Dringend
Worte gesucht
tanzen sollt ihr
durch die stille Nacht
schlaflos

Ein
stummer Schrei
in der Nacht
dunkel und so ungefühlt
Leben

der
Morgen dreht
sich nochmal rum
wann ist hier endlich
Schluss

Zorn + Ärger

*Hinter
der Maske
lodert das Feuer
Boshaft lächelt die
Fratze*

*Die
schöne Lüge
flüstert im Versteck
Mittelpunkt das wär' nicht
schlecht*

*Zwischen
den Zeilen
steht die Wahrheit,
denn sie möchte niemandem
gehören.*

Zorn + Ärger

Wehre
dich endlich
schreit der Kopf
mir platzt der Kragen
LUFt!

Doch
das Herz
schüttelt den Kopf
bin immer voller Mitgefühl
NOCH!

Sorgen
guten Morgen
was würde ich
nur ohne euch tun
LEBEN

Festtage

Weihnachtsflair
du kannst
ihm nicht entrinnen
die Seele betrinkt sich
Glückseligkeit

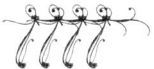

Verrückte
besinnliche Zeit
vergessen wir uns
um im Weihnachtsglanz zu
lächeln

Muttertag
Kinder malen
und Väter kaufen
Blumen zum Frühstück pflücken
Kinderhände

Festtage

*Masken
tanzen umher
heute ist alles erlaubt
bis dem Morgen graut
Fastelowend*

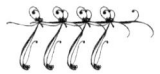

*Der
gute Vorsatz
heut in weiß
stapft mit ins neue
Jahr*

*Die
Beine brechen
wird er sich
wie in jedem Jahr
BESTIMMT!*

voller Elfchen

Haikus

und

immerwährenden Gedanken

Adventskalender

ist meins
strahlt „ kleiner Engel"
hält hoch die Zahl
Vorweihnachtsfreude

 schöne Tage
Spaziergang im Winterwald
Schneeflocken fallen

Adventskalender

kleine Türchen
sind schon auf
Besinnlichkeit im Dauerlauf zur
Weihnachtszeit

Hände haben
wenigstens zur Weihnachtszeit
schön soll es werden

Adventkalender

 Tage
warten
jetzt die Kinder
stellen heute
ihre Stiefel raus
denn morgen
ist ja Nikolaus

Tage Arbeit sind vorbei
ab morgen hab ich wieder frei
jubelt Santa Claus
Dann ziehe ich meinen Mantel aus
und fahre in mein Ferienhaus

Adventskalender

7 Uhr es schneit
gedankenschwere Stille
die Sonne geht auf

8samkeit
keine Zeit
tut mir Leid
denke heute mal an
MICH

Adventskalender

9 Monate braucht ein Mensch
um auf die Welt zu kommen.
Ein Wunder ist geschehen.
Wie viel Zeit braucht dieser Mensch
um wieder von hier fort zu gehen?
Von einem Wunder wird dabei
nie mehr die Rede sein…

ZEHN ist die Basis.
Zwei Hände
sinnbildlich für
Anfang und Ende
eine magische Grenze
die du mit Fingern
nachzählen kannst

Adventskalender

chen
im Festtagskleid
mit Schmuck beladen
schreiten sie durch den
Advent

 schlägt die Turmuhr
Mitternacht der Mond scheint hell
menschenleer die Stadt

Adventskalender

und dann
auch noch Freitag
keine Angst es ist
ADVENT

lange Tage
die Spannung steigt
Kinderaugen leuchten in der
Vorweihnachtszeit

Adventskalender

cm Neuschnee
Eisblumen am Fenster
es ist klirrend kalt
Wunschdenken

Sweet sixteen
erlaubte ersten Schritte
in die große weite Welt
ENDLICH

Adventskalender

Tage erst
weint kleiner Engel
meine Flügel tun so
weh

und
ganze Tage
nur noch lächeln
das geht auch nicht
mehr

ich
hol mit jetzt
den gelben Schein
und feiere Weihnachten ganz
allein

Sekunden schauen sie sich an, dann senkt der junge Mann verlegen den Blick und verschwindet in der Menschenmenge des Weihnachtsmarktes.

Nur der Duft gebrannter Mandeln, verwebt in bunten Lichterketten, bleibt zurück.

Verwirrt nippt die schöne Frau erneut an ihrem Glühwein und fühlt sich plötzlich so allein.

Adventkalender

die letzte
im Jahr auch
heute wird ein Kind
geboren

Weihnachten naht
der Stift hetzt
über den Einkaufzettel im
Dauerlauf

Adventskalender

Sterne am
Horizont drei fehlen
noch dann geht es
rund

Gänse sie
sind eingeladen
ihr schwerer Weg
mit einem stillen Ende
Hauptgang

letzter Spurt
Einkauf ohne nachzudenken
Hauptsache irgendetwas zu verschenken
Bescherung

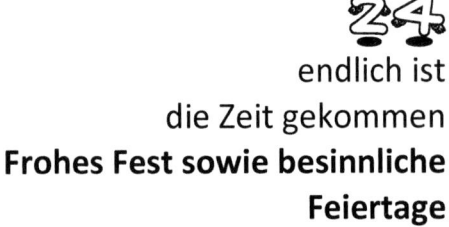
endlich ist
die Zeit gekommen
**Frohes Fest sowie besinnliche
Feiertage**

****

Ein
paar Ideen
geschrieben auf Papier
fünf Zeilen voller Leben
WIR

****

Vielen Dank
für das Interesse
an meinen Gedanken
und
ich wünsche Euch
viel Licht auf Euren Wegen

Andrea Ade
www.die-vanga.de